POËSIES

NOUVELLES,

Par J.-C. DEFOSSE.

RECUEIL

DE

POËSIES

NOUVELLES.

RECUEIL

DE

POËSIES

NOUVELLES,

Dédié aux Amis des Beaux-Arts;

PAR

J.-C. DEFOSSE,

du Grand-Quevilly.

Oracles du destin, comblez *mon* espérance.
L'abbé de l'Attaignant.

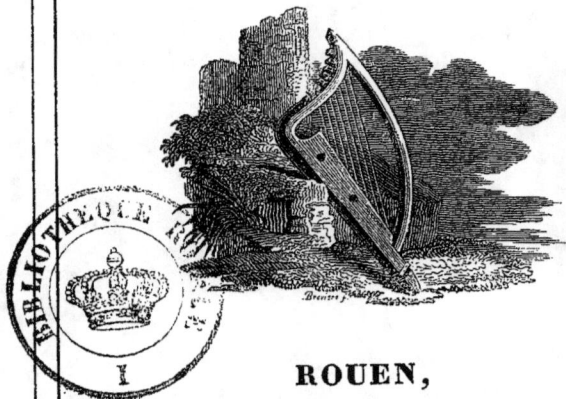

ROUEN,

F. BAUDRY, IMPRIMEUR DU ROI,

RUE DES CARMES, N°. 20.

M. DCCC. XXXVI.

Cet opuscule n'a été tiré qu'à DEUX CENTS exemplaires, dont :

150 sur Grand-Raisin vélin, non collé ;
45 sur Grand-Raisin vergé, collé ;
3 sur Nom-de-Jésus vélin réduit, idem ;
2 sur papier vert, idem.

ÉPITRE DÉDICATOIRE

Aux Amis des Beaux-Arts.

————◦◦◦————

C'est à vous, amis des Beaux-Arts,
Que j'ai dédié cet ouvrage ;
S'il mérite, après vos regards,
Obtenir un noble suffrage,
Certes, je serai fort heureux ;
Mais très-faible est mon espérance.
De mes jours encor ténébreux,
Protégé par votre indulgence,
Sortirai-je à quelque matin?...
Des rayons de votre lumière,
En attendant ce jour serein,
Éclairez encor ma paupière.
D'un faible et triste rejeton,
Si le bouton qui veut éclore
Peut plaire à la juste Raison,
Vous en verrez naître l'aurore.
Pour la variété des fleurs,

Je désire qu'elle vous plaise,
Exhalant de bonnes odeurs :
Vous pourrez en juger à l'aise.

L'ouvrage, amis, vous le verrez,
N'est pas selon votre mérite ;
Mais un seul instant permettez
Qu'à le lire je vous invite.

J.-C. D.

Préface.

En publiant ce petit Recueil de Poësies, c'est sans doute m'exposer à la critique la plus rude, aux outrages du tems qui détruit tout. On croira peut-être que c'est par une vanité puérile et ridicule, dans le but de me faire connaître et d'acquérir un renom ; mais on peut hardiment écarter cette vaine pensée ; je me base sur de plus justes raisons. Mon intention est seulement d'offrir au public, qui devra les juger, les modiques fruits de mes amusemens.

On trouvera dans ce Recueil de Poësies : premièrement, *l'Existence et la Mort de Boïeldieu*, poëme en deux chants ; secondement, *un Souvenir, ou les derniers momens d'un Jeune Homme au lit de mort*, stances ; et troisièmement, les *Poësies diverses*.

Ayant essayé et pris plaisir à semer quelques fleurs dans mon ouvrage, me confiant peut-être à tort dans un faible espoir, je serai très-heureux si je puis plaire un seul instant aux personnes qui daigneront me lire.

(Juillet **1836**.)

J.-C. D.

L'Existence et la Mort

DE BOÏELDIEU,

Poëme en deux Chants.

(1834.)

Je dois prévenir le lecteur que quelques renseignemens, pour le premier chant de ce poëme, ont été puisés dans la biographie de Boïeldieu, faite par M. J. Janin, insérée au *Journal des Débats*.

L'EXISTENCE ET LA MORT

DE

BOÏELDIEU,

Poëme en deux Chants.

CHANT PREMIER.

L'EXISTENCE.

Je chante ce héros, ce Dieu de la musique
Qui, par sa mélodie et son style énergique,
A si bien su charmer diverses nations,
Et se rendre l'objet de leurs affections ;

Qui remplissait les airs d'une belle harmonie,
Produit délicieux de son puissant génie.

Oh! sublime Apollon! oh! viens pour inspirer
Un poëte qui va de Boïeldieu chanter
L'existence et la mort, afin qu'il soit mémoire
De ce Dieu couronné des lauriers de la gloire!
Et toi, jeune Clio! qui tiens entre tes doigts
La doctorale plume, entends-tu de ma voix
Les accens réclamer ta présence divine?
Fais retentir vers moi ta trompette sublime!
Daigne, sur mes écrits, jeter, du haut des cieux,
Un regard protecteur de ton œil radieux!

Adrien Boïeldieu, dès sa plus tendre enfance,
Avait pour la musique une forte tendance;
Et ses parens, voyant son goût se prononcer,
Chez maître Broche [1] un jour s'en furent le placer.
Celui-ci l'accepta volontiers comme élève,
Et lui dit : prends ta place avec ceux que j'élève,
Et de l'attention, car il en faut chez moi;
Si tu veux parvenir, observe cette loi...

[1] M. Broche, maître de chapelle de la cathédrale de Rouen, grand
musicien et grand buveur, homme brutal quand il avait bu ou quand il était
en verve.

Boïeldieu solfia comme ses camarades ;
Au bout de quelques mois, il avait plusieurs grades,
Et ses jeunes amis, surpris de son succès,
Dirent : mais Adrien nous devance à l'excès,
Et pour peu que chez lui son talent continue,
Nous ne pourrons bientôt plus paraître à sa vue,
Que faibles écoliers qui chantent l'*ut, ré, mi* [1] ;
Hâtons-nous d'imiter notre meilleur ami.
Ce fut là le premier début de ce grand homme,
Aujourd'hui révéré de celui qui le nomme.

Le savant maître Broche était fort orageux,
Mais, dès qu'il se calmait, l'élève était heureux.
Souvent, d'un air brutal, au fort de la tempête,
Son éclatante voix venait fendre la tête,
Et l'élève (écoutant sa démonstration
Qu'il fallait, à l'instant, et sans réflexion,
Comprendre et retenir, ou, pour sa pénitence,
D'un vigoureux soufflet il avait connaissance)
Était resté saisi, tremblant, épouvanté
Par la vive action de sa sévérité.
Fais un accord-parfait, lui dit un jour son maître,

[1] La gamme.

— Lequel? — Celui de *sol ;* tu dois tous les connaître...
Mais le jeune écolier, ne s'en rappelant plus,
Ne fit pas de réponse et resta tout confus ;
Puis, Broche, au même instant, poussé par la colère,
A lui rompre les os, le renversa par terre,
Et lui dit : souviens-toi qu'à la prochaine fois
Que je te parlerai, répondre tu me dois ;
C'était *sol, si, ré, sol* que tu devais me dire,
Car de rester muet ne pouvait me suffire.

Qu'importe le talent pour donner les leçons,
S'il en naît des progrès et d'harmonieux sons.
L'élève qu'on punit sévèrement, profite,
Et plus tard, de son maître il vante le mérite.

Comme tout commençant, notre compositeur
Eut des jours fort heureux, d'autres pleins de froideur.
Quand il étudiait un sujet d'importance
Dont son art, jeune encor, n'avait la connaissance,
Et qu'il entrevoyait l'impossibilité
Naître devant ses yeux, son cœur, déconcerté,
Refroidissant bientôt, tombait dans la faiblesse,
Et l'on n'entendait plus sa voix enchanteresse.
Voilà comme chez lui la désolation

Venait jeter le trouble en sa réflexion.

Jamais dans sa conduite aucune extravagance,

Il était toujours calme et plein de tempérance.

A prendre des liqueurs venait-on l'inviter,

— Mon état, disait-il, ne peut les supporter.

Broche, en se promenant dans un petit village,

Aperçut un ami venant sur son passage,

Et qui lui demandait si, dans ses écoliers,

Quelques uns travaillaient à cueillir des lauriers.

— Ami, j'en ai qui font quelques pas vers la gloire,

Et qu'on verra bientôt remporter la victoire,

(Répondit le grand maître, en lui serrant la main)

Bref, je n'en ai qu'un seul qui languit en chemin,

C'est le petit Boïel [1], que tu dois bien connaître,

Il est d'un délicat comme on ne peut point l'être ;

Il ne boit pas de vin, que très-peu dans de l'eau ;

Ceci ne peut jamais inspirer son cerveau,

Pour composer un air avec magnificence,

Afin que de son art on ait la connaissance ;

Ah ! je vois sur ma foi que je n'en ferai rien,

Son travail à présent ne me paraît pas bien.

---

[1] *Boïel* était le nom d'enfance de Boïeldieu.

— Quoi! lui répond l'ami, je crois que tu veux rire ;
Il a bien commencé, voudrait-il se dédire ?
— Enfin, je te l'assure et te le dis vraiment,
Je ne reconnais plus ton Boïel maintenant...

Boïeldieu remarqua que souvent, de lui-même,
Son maître, désolé, se plaignait à l'extrême ;
Mais il n'était alors qu'en ses premiers printems,
Plus tard, on s'aperçut qu'il employait son tems.
Un jour, calme et pensif, comme après la tempête,
Il se disait : mon chef dit toujours qu'en ma tête
Il n'est rien de propice à faire un vrai talent,
Mais je crois qu'il se trompe, et bien plus fort, qu'il ment,
Car il me semble à moi qu'il y a quelque chose ;
Nous verrons qui des deux gagnera cette cause :
Si mon luth jusqu'alors a chanté faiblement,
C'est que j'étudiais..... mais allons maintenant,
De l'application, avec ferme espérance,
Et devenons aussi premier talent de France ;
Avec activité, dépassons Monsigny,
Et le jeune Méhul, Dalayrac et Grétry...

Fort peu de tems après, Boïeldieu fit merveille ;
On le croyait dormir, point du tout, il s'éveille.

Un beau jour, d'un crayon s'arme sa droite main,
L'autre d'une tablette ; il se met en chemin :
Notre compositeur entreprend un voyage,
Qu'il fait avec savoir et sans aucun naufrage ;
Il compose un morceau, mais d'un style enchanteur,
Et qui ne manqua pas de charmer plus d'un cœur !
C'est alors qu'on vit naître en cet homme un génie
Qui devait l'illustrer dans le cours de sa vie.
Son maître, en regardant le sublime morceau,
Lui dit : c'est toi, l'auteur d'un travail aussi beau ?
—Oui...—Que c'est surprenant! ô reçois mon hommage!
Le ciel t'a protégé dans ton heureux ouvrage !
Que je suis satisfait de voir, en vieillissant,
Ton talent remporter la victoire en naissant !...
Boïeldieu répondit : (content qu'il devait être)
Partagez avec moi, n'êtes-vous pas mon maître ?

Oh ! quel doux avenir semblait naître pour lui,
Sous la voûte azurée où son étoile a lui !
C'était de ses beaux jours la clarté de l'aurore,
Et son cœur, enchanté de la sentir éclore,
A souvent tressailli par les succès nouveaux
Que produisait le fruit de ses doctes travaux.

A son orgue, une fois, Broche fit une absence.
Adrien le toucha, mais avec élégance,
Et chacun admirait les accords gracieux
Qui, de cet instrument, s'élevaient vers les cieux.
Dans l'église, on vantait de Broche l'art suprême.
Et c'était le talent de Boïeldieu lui-même,
Qui ravissait les cœurs par un enchantement,
Et les faisait tomber tous dans l'égarement.
A la musique alors son ame était livrée,
Sa voix retentissait sous la voûte sacrée ;
Agenouillé souvent aux marches de l'autel,
On l'entendait chanter pour le Père-Éternel.

Cet habile écolier, de son art idolâtre,
Un jour fut écouter la musique au théâtre :
(On jouait *Barbe-Bleue*, opéra de Grétry.)
Il écoute, il admire, et son cœur est ravi.
Enfin, d'un opéra se trouvant en présence,
Il dit : je suis heureux !..... Cette magnificence
Avait su le ravir, pour la première fois
Qu'il entendait vibrer ces différentes voix.
Sa passion s'allume ! on voit qu'elle s'enflamme !

Son luth donne des sons qui viennent grandir l'ame !
En un mot, tout promet en ce compositeur,
Un artiste savant et rempli de candeur.

De quatorze à quinze ans à peine avait-il l'âge,
Qu'il conçut le projet de se mettre en voyage.
Il commença d'abord par aller voir Paris,
Sans prévenir personne, et chacun fut surpris.
C'était par un beau soir, au brillant clair d'étoile,
La voûte n'était point couverte d'aucun voile,
Elle semblait sourire au jeune voyageur
Lançant vers la cité ses pas de tout son cœur.
Il fut, ce même soir, coucher près Pont-de-l'Arche ;
Mais il coucha, comment ?... il est bon qu'on le sache.
— Que je suis fatigué ! disait-il en chemin,
Je ne pourrai jamais marcher jusqu'à demain...
Et, cherchant un logis, dans cette nuit jolie,
Que voit-il au lointain ? c'est une bergerie !...
Arrivant doucement au milieu du troupeau,
Les chiens font leur devoir... Le berger du hameau
S'éveille et croit entendre une voix qui l'appelle,
Mais cette voix chantait !... Dieu ! qu'il la trouva belle !
Il proposa bientôt son modeste réduit
Au petit voyageur qui venait près de lui :

Celui-ci, satisfait, accepta cette offrande.
Le berger s'enveloppe avec sa houppelande,
Passe la nuit, gardant tout son petit bétail;
Il avait un agneau de plus dans son bercail!.....
Le lendemain matin, quand vint la douzième heure,
Adrien s'éveilla dans la frêle demeure
Où l'avait introduit l'être plein de bonté,
Qui lui prêta le toit de l'hospitalité.
D'un bien faible repas il prit sa suffisance
Avec ce vieux berger dont il fit connaissance,
Et qui l'a reconduit jusque dans son chemin.
Ils se dirent adieu, se serrèrent la main.
Tous les petits agneaux, qui semblaient le connaître,
Bientôt avec regret le virent disparaître.

Adrien, satisfait du bon cœur du berger,
Se dit: ô! maintenant je m'en vais voyager!
Quand donc arriverai-je à cette ville immense
Où tout semble exister au sein de l'abondance,
Où l'artiste s'exerce et fait de grands progrès?
Car j'en veux faire aussi, plus brillans que jamais!

A force de marcher, faisant de l'harmonie,
Boïel arriva donc, l'ame toute ravie.

Maintenant, se dit-il, que je suis dans Paris,
Je veux de mon travail que chacun soit surpris ;
Mais avant d'entreprendre ici de grandes choses,
Apprenons du talent les effets et les causes.
Tout en disant ces mots, il fut avidemment
Dans un méchant hôtel fixer son logement.
Au bout de quelques jours, sa malheureuse hôtesse,
Voyant qu'il n'usait pas de fonds avec largesse,
Lui dit : mon cher ami, je vais vous renvoyer ;
Partez, vous n'avez pas d'argent pour me payer.....
Adrien, en partant, se dit : c'est inutile
De chercher sans argent un autre domicile,
Personne ne voudra prendre pitié de moi ;
Grand Dieu ! je sens déjà mon cœur tout en émoi !.....
Et, se voyant alors plongé dans la misère,
Il voulut se jeter au sein de la rivière.
Le jeune artiste allait mettre un terme à ses jours,
Si le brave Deyler [1], venant à son secours,
Ne se fût trouvé là, dans cette circonstance ;
Mais il en échappa, grâce à la providence !

Deyler était porteur d'une somme d'argent,
Que reçut de son père, Adrien, fort content.

[1] *Deyler*, domestique du père de Boïeldieu.

Le serviteur fidèle, en plus, donne une lettre
Dont il était chargé sans faute de remettre ;
Elle était de la part de monsieur Mollien [1],
Qui protégea beaucoup le petit Adrien.
O ! que du jeune enfant l'ame devint ravie !
Des deux mains il reçut de quoi lui donner vie.
Il se livra bientôt dans ses belles humeurs,
Et des musiciens fréquenta les meilleurs.
Avec Chérubini, savant, excellent maître,
Et Catel, et Méhul, que l'on doit bien connaître,
Il allait fort souvent voir jouer l'opéra,
Travail si précieux et rare en ce tems-là ;
Il ne rêvait enfin que la bonne musique :
Mais, pour lui confier un opéra-comique,
Il n'avait pas assez de notabilité.
Sur un autre sujet son luth a débuté.
Avec un grand succès il chanta la romance,
Il la chanta joyeuse et pleine d'élégance !

A l'âge de seize ans, il revint à Rouen,
Son père fut charmé de revoir son enfant !
Tant il lui reconnut de goût pour la musique,

[1] M. le comte Mollien, aujourd'hui pair de France.

Il consentit lui faire un opéra-comique,
Bien plus, il en fit deux, *Rosalie et Mirza*,
Et *la Fille coupable*; et l'on exécuta,
Couronnés de succès, sur notre grand théâtre,
Ces œuvres de famille; on en fut idolâtre!
Broche reconnut bien son élève chéri,
Dont l'art délicieux rendait le cœur ravi.

Après un court séjour dans sa ville natale,
Il retourna revoir la belle capitale,
Où tout semblait sourire à ses charmans travaux :
Bientôt il entreprit d'en faire de nouveaux.
Son luth n'avait alors effeuillé que des roses,
Mais il voulut aussi faire de grandes choses;
Et l'on vit, en effet, au bout de quelque tems,
Dans ses productions des progrès éclatans;
Car *la Famille Suisse* et *Montreuil de Verville*,
Zoraïme et Zulnar ont, dans la grande ville,
Souvent émerveillé de nombreux spectateurs,
Porté de la gaîté, des charmes dans les cœurs,
Tels que ces opéras : *Méprises Espagnoles*,
Que sa lyre a chanté sous les républicoles;
Et *la Dot de Suzette!* et *le Calife* aussi,
Ma Tante Aurore, enfin, le beau *Béniowski!*...

Que de peuples nouveaux n'ont pas vu ces ouvrages,
De leur tems si chéris et comblés de suffrages !
Frêles productions du nouveau genre humain,
Les verrez-vous jouer ? Ceci reste incertain.

Après tout le succès de son travail immense,
Boïeldieu résolut d'abandonner la France,
Car il avait alors quelque chagrin cuisant,
Qui lui rongeait le cœur et lui suçait le sang.
Il quitta donc Paris, cette ville jolie,
Pour aller demeurer dans la froide Russie.
Il fit, en voyageant, la rencontre à Mémel,
D'un bon musicien, de l'excellent Hummel
Qui, charmé, lui prédit, en lui rendant hommage,
Réception brillante au bout de son voyage.
Bref, bientôt on apprend que, dans Saint-Pétersbourg,
Le savant Boïeldieu vient fixer son séjour.
Il fut très-bien reçu par le grand Alexandre,
Dont le cœur fut charmé des sons qu'il fit entendre.
En un mot, entouré d'hommages et d'honneurs,
Il se trouvait toujours dans le sein des grandeurs !
Les cordes de son luth vibraient loin de la France,
Et Paris fut huit ans privé de sa présence.

Durant cet intervalle, il fit représenter
Les charmans opéras qu'ici je vais citer :
Tels qu'*Aline*, *Abder-Kan*, *Jeune Femme colère*,
Et *les Deux Paravens*, puis *Amour et Mystère*,
Et bien d'autres encor, sans compter les morceaux
Qu'il fit pour l'empereur, entre tous ces travaux.
Du célèbre Racine, il fit pour l'*Athalie*,
Des chœurs délicieux, riches en mélodie :
Ces chœurs furent chantés par cent charmantes voix [1]
Qu'en la province Ukraine on avait fait le choix.

Vers l'an mil huit cent onze, Adrien, le grand maître,
Vint chanter sur le sol qui jadis l'a vu naître.
Le Chaperon, *la Fête au Village voisin*,
La Dame Blanche, oh! ciel! son chef-d'œuvre divin!
Puis enfin, *les Deux Nuits*, dernier fruit de sa lyre,
Fait pour charmer les cœurs, et que chacun admire,
Sont venus tour-à-tour, de son luth enchanteur,
Emerveiller notre ame et faire son bonheur.
Oh! c'était, en un mot, un trésor d'harmonie,
Que ce musicien et son savant génie!
Mais une affection pectorale a mis fin

[1] Les cent chantres de la chapelle impériale. Boïeldieu parlait avec admiration de l'effet que produisaient leurs belles voix.

2

Aux sons harmonieux qui sortaient de son sein.
De sa lyre une corde, hélas! s'est étendue,
Et son ame aussitôt en resta tout émue...
Souvent, dans sa douleur, en lui-même il disait
Que je serais heureux si mon mal se passait!...
Aux chaudes régions il fit plusieurs voyages,
Mais ils n'eurent jamais pour lui d'heureux présages;
En un mot, rien ne fit à sa faible santé,
Le mal n'eut pas d'égards pour sa célébrité.
Il vivait languissant, et la mort vint l'atteindre.
Hélas! quelle douleur! je ne saurais la peindre.
Sa famille était là, pleurant auprès de lui,
S'empressant de vouloir lui prêter son appui;
Mais ce fut vainement; l'arrêt le plus terrible
Avait déjà produit son effet invincible.
L'artiste, s'endormant d'un sommeil éternel,
Son ame s'envola vers le divin autel!

Conservons tout le fruit de son vaste génie,
Que la postérité puisse en être ravie!

CHANT DEUXIÈME.

LA MORT.

I.

SALUT, ô! Boïeldieu! salut à ta belle ame,
A tes charmans accords, à ta divine flamme!
Car c'en est fait de toi... nous ne te verrons plus!
Hélas! non, plus jamais; tes beaux jours sont perdus.
Déjà vient de finir ta trop courte carrière [1],
Et d'un regard mourant, tu saluas la terre,

---

[1] Boïeldieu, né à Rouen, le 15 décembre 1775, est mort le 8 octobre 1834, dans sa maison de campagne, située à Jarcy, petit hameau qui se trouve dans la Brie.

Mais tu la saluas pour la dernière fois,
Et ton luth enchanteur resta morne et sans voix.

Oh! que tu savais bien, à l'aide de ta lyre,
Epancher dans le cœur l'harmonieux délire!
Dans tes bruyans accords que de variété,
De charme, d'élégance et de légèreté!

Maintenant, à grands cris, dans ta ville natale,
On réclame ton corps qui par la capitale
Doit être conservé ; mais tous ces cris sont vains,
Nous n'aurons que ton cœur... — Les hommages divins
Lui seront donc rendus par la cité normande!
C'est le cri général, l'artiste le demande.....

II.

D'Adrien Boïeldieu le cœur vient d'arriver!...
De la cloche agitée on entendra vibrer
Les graves tintemens appelant aux prières,
Dites à la clarté des lugubres lumières,
Les habitans zélés du gothique Rouen,
Qui pour s'y présenter ont tant d'empressement....

L'église Notre-Dame est bientôt préparée ;
Des ornemens de deuil elle s'est décorée :
Elle célébrera , par ses chants immortels ,
Un service pompeux sur ses sacrés autels.

C'est aujourd'hui [1] le jour d'éternelle mémoire ;
Du dieu de l'harmonie on va chanter la gloire.
L'écho va retentir de la belle action
Dont Rouen se distingue en cette occasion.

Oh ! que vois-je venir au lointain , dans la rue ?
La musique s'avance et chacun se remue ;
Du cœur de Boïeldieu c'est le convoi sans fin ,
S'approchant lentement au service divin.
Il arrive bientôt au temple funéraire
Tout tendu de drap noir, ornement temporaire ;
Et les musiciens , par de lugubres sons ,
Paraissent attirer de la mort les frissons !...
Ah ! que de peuple reste aux portes de l'église !
Il voudrait bien entrer , à cela seul il vise ;
Mais quelqu'un lui demande , en arrêtant ses pas ;
— Avez-vous un billet ? — Non. — Vous n'entrerez pas...

[1] 13 novembre 1834.

Il insiste, il veut voir cette cérémonie
Dont il entend vibrer tous les sons d'harmonie ;
Mais ses efforts sont vains ; fatigué de lutter,
Silencieusement il tâche d'écouter :
On ne le voit plus faire aucune résistance :
La force devant lui conserve sa puissance.

Le service est fini. Les amis des beaux-arts,
Et le peuple portant sur eux tous ses regards,
Vont déposer le cœur dans le grand cimetière [1],
Où va le recouvrir la sépulcrale pierre.
Là, l'on entend les voix de divers orateurs
Témoigner, tour-à-tour, des regrets, des douleurs.
Chacun fait ses adieux à l'artiste suprême,
Et, tout en revenant, on se dit en soi-même :
Nous ne le verrons plus ce pauvre Boïeldieu !
Qu'il reçoive de nous un éternel adieu !...

Honneur à toi, cité de la belle Neustrie !
Car tu fus le berceau de ce noble génie ;
C'est dans ton vaste sein qu'il a reçu le jour,
Ce délicieux fruit de ton ardent amour ;

[1] Le cimetière monumental.

Son nom aura sa place aux pages de l'histoire ;
C'est un rameau de plus au laurier de ta gloire !

Que d'artistes voudraient dans les mêmes sentiers
Marcher rapidement, pour cueillir des lauriers !

UN SOUVENIR.

UN SOUVENIR,

OU LES DERNIERS MOMENS

D'UN JEUNE HOMME AU LIT DE MORT.

Stances.

————◆————

(*A ses Parens et Amis qui l'entourent.*)

AMIS, venez m'entretenir
Des jours heureux de nos belles années ;
Oh! qu'il est doux ce souvenir !
Mes sœurs, vous en serez charmées !

Approchez-vous tous près de moi,
Ne pleurez plus, faites silence,
Et de vos cœurs chassez l'émoi
Que vous avez en ma présence....

Eh! quoi?... j'entends toujours pleurer!...
Comment c'est vous, ma bonne mère!...
Ah! cessez donc de soupirer,
Et vous aussi, mon tendre père.

Ecoutez le récit charmant
Des heureux jours de mon bel âge,
Où tout me semblait ravissant :
Ecoutez mon faible langage....

« Sous un beau ciel calme et serein,
Près d'une rivière tranquille,
Je respirais du blanc jasmin
Les parfums de la fleur gentille.

» Les coteaux, chargés d'arbres verts,
Dont les cimes sont admirables,
M'offraient mille agrémens divers,
Qui n'ont cessé d'être durables.

» Le laboureur, tout en chantant,
Guidait sa fertile charrue,
Et l'alouette, en voltigeant,
S'élevait à perte de vue.

» Les fillettes allaient aux bois,
Pour cueillir les fleurs les plus belles,
Puis elles admiraient parfois,
Les tendres poussures nouvelles.

» Quels jours charmans! qu'ils étaient beaux!...
Oh! que je chérissais la vie,
Dans les jolis champs des hameaux,
Et sur la riante prairie!..

» Hélas! chacun était joyeux!...
Le soir, une douce rosée
Se répandait du haut des cieux,
Et rendait la terre arrosée.

» Le rossignol, dans le bosquet,
Faisait entendre son ramage;
Le pinçon, fatigué, dormait,
Caché sous le naissant feuillage.

» La lune s'élevait sans bruit,
Aux belles demeures chéries,
Et les bergers, voyant la nuit,
S'approchaient de leurs bergeries.

» Dans ce silence ravissant,
Moi, je veillais en solitaire,
Et je louais l'Être puissant,
Des biens dont il couvrait la terre.

» Le long de nos rians bosquets,
Et sur les tapis de verdure,
Toujours, toujours je me plaisais
Seul, à contempler la nature.

» Mon plaisir était, le matin,
D'entendre lever la fauvette,
Et d'avoir un crayon en main,
Pour composer la chansonnette.

» Enfin, c'était le vrai bonheur!
Là, je goûtais la paix des anges,
Qui toujours remplissait mon cœur
Des délices les plus étranges.

» Hélas! qu'êtes-vous devenus,
Jours dont j'ai tant de souvenance?
Jours heureux! vous êtes perdus!
De vous revoir plus d'espérance!... »

Qu'avez-vous donc, mes chers amis?
Ah! dans vos yeux roulent des larmes!...
Comment, près de moi réunis,
Vous êtes tous dans les alarmes?..

Mais, pour moi, quel triste avenir!
Que votre secret est terrible!
A vingt-cinq ans, déjà mourir?
Ah! ciel!... hélas! que c'est horrible!

Quoi donc! un souffle m'a brisé,
Comme il fait d'une frêle plante,
Et je n'ai plus ce teint rosé,
Qui rendait ma mine charmante!

Les yeux ternis, pâle et tremblant,
Et puis ma voix tout abattue,
Chacun dirait en me voyant :
Oh! c'est une planche statue!

Grand Dieu! protecteur de mes jours!
Viens mettre un terme à ma souffrance!
Ah! viens! j'implore tes secours!
Du mal donne-moi délivrance!

Amis, ne pleurez pas encor,
Calmez un peu votre tristesse,
Car elle avancerait ma mort...
Hélas! je sens qu'elle me blesse!...

Adieu plaisirs, adieu beaux jours !
Adieu bonheur qui fait envie !
Parens, amis, vivez toujours,
Pour moi va s'éteindre la vie....

Ah ! j'ai déjà perdu ma voix !
Embrassez-moi ! j'existe encore ;
Mais c'est pour la dernière fois !
Adieu ! chers amis que j'adore !...

« A peine achevait-il ces mots,
Que sa bouche resta muette ;
Et son ame prit aussitôt
Place à la divine retraite.

» Le lendemain, près d'un cercueil,
Les parens étaient en prières,
Et les amis portaient le deuil :
Tous versaient des larmes amères. »

POËSIES DIVERSES.

3

POËSIES DIVERSES.

STANCES

Improvisées le 19 octobre 1834, au moment de l'inauguration de la statue
de Pierre CORNEILLE, à Rouen.

RENDONS, amis de la science,
Hommage au poëte divin
Qui renaît aux yeux de la France,
Au milieu de ce jour serein.

C'est là, sur l'onde intarissable,
Qu'il s'élève majestueux,
De son piédestal respectable,
Au bel habitacle des dieux.

Oh! sa tête est toujours pensive!
Il est dans l'inspiration,
Et de sa plume productive,
Il trace sa réflexion.

Rouen, reçois cette merveille,
Toi qui jadis fus son berceau ;
Reçois le sublime Corneille
Qui vient de sortir du tombeau.

AMOUR FILIAL ET TRAIT D'HUMANITÉ.

QUE fais-tu, bel enfant, dans ce lieu solitaire,
Pensif, agenouillé sur cette blanche pierre
Qu'ombragent les rameaux de ce saule pleureur ?
De ton ame je vois s'exhaler la douleur !
Mais, jeune ange ! dis-moi, quelle en est donc la cause?
Sous cette pierre, hélas ! le corps qui se repose
Est-il de tes amis, même de tes parens ?
Dis-moi donc, cher enfant, qui cause tes tourmens,
Je pourrai les calmer.... Quoi ! dans cette agonie
Où je te vois plongé, veux-tu perdre la vie?
Ta jeune ame veut-elle, avec les Séraphins,
S'envoler pour toujours dans les palais divins?...
Tu ne me réponds pas, cher enfant ! tes alarmes

Ont déjà de tes yeux fait couler tant de larmes?...
Je te convie enfin de donner cette fois,
Une seule réponse à ma priante voix!...
De ton silence, hélas! quel est donc le mystère?
Dis-moi quel est le corps que couvre cette pierre
Où je te vois prier, pensif, à deux genoux?
Est-ce une jeune mère ou bien un jeune époux?...
Ainsi parlait Narcisse à l'enfant en tristesse,
Qui répondit, la voix mourante de faiblesse :
« Ne m'interrogez pas... laissez avec mes pleurs
S'écouler lentement mes terribles douleurs.
Je viens ici pleurer ma chère et tendre mère,
Et mon père et ma sœur, et mon bon petit frère,
Car je suis resté seul, et sans aucun appui... »
— Pauvre enfant! dit Narcisse, hélas! dès aujourd'hui,
Tu n'as plus de parens!... Viens chez moi, ta jeunesse
Recevra de grands soins; à toi je m'intéresse,
Viens, calme ton chagrin, j'adoucirai ton sort,
Puisque de tes parens a disposé la Mort.

Alors, du bel enfant se ranima la vie;
De ce trait de bonté son ame fut ravie!
Il dit en se levant, mais à peine entendu :
Cela ne me rend pas tout ce que j'ai perdu!

UN GÉNÉRAL, APRÈS LA BATAILLE.

En quoi! c'en est donc fait, mon intrépide armée,
Je ne te verrai plus que dans ces champs semée?
Disait un général, en voyant ses soldats
Tombés anéantis, après de longs combats.
Quoi! disait-il encore, après cette bataille,
Mes guerriers étendus, criblés par la mitraille,
Ne m'offrent dans ce jour qu'un tableau de douleurs?
Et cependant, hier ils étaient tous vainqueurs;
Je cueillais avec eux les lauriers de la gloire,
Joyeux, nous chantions tous l'hymne de la victoire!
Et maintenant, plus rien! rien que le souvenir
De les avoir vus vivre, et combattre et mourir...

Il me semble encor voir cette puissante armée
Combattre l'ennemi, par la gloire animée;
Mais ce n'est pas un rêve, il n'est que trop certain

Que ce sont mes guerriers, morts, le glaive à la main !
Que de fois je les vis, veillant dans la nuit sombre,
Marcher sur l'ennemi qui s'avançait dans l'ombre !
Enfin, de toutes parts, montés sur leurs coursiers,
Ils chassaient les soldats avec leurs officiers.
Et tous ces conquérans, ces guerriers intrépides,
Qui faisaient aux combats des conquêtes rapides,
Ne peuvent plus chasser des aigles, des corbeaux
Qui rongent de leurs corps tous les nombreux lambeaux !

Mais elle n'est donc plus qu'un fantôme, ombre vaine,
Cette armée endormie au milieu de la plaine ?
Ce triomphe de gloire, il est donc enlevé ?
En y songeant, hélas ! je crois avoir rêvé !

Que vais-je devenir ?... La rage me dévore...
Si j'avais des soldats, oh ! je voudrais encore
Combattre l'ennemi, puis être le vainqueur ;
Mais je n'ai rien à moi, rien ! que de la douleur !...
Du sang de mes guerriers, répandu sur la terre,
Il faut fuir à présent, il faut fuir et me taire.

Le pauvre général fuyait travers les champs,
Tandis que l'alouette aux cieux portait ses chants.

VERS

Sur la mort de madame la princesse de Montmorency,
décédée à Paris, le 15 mars 1833.

*Aux pauvres de la commune du Grand-Quevilly, où la Princesse avait un château
et assistait indistinctement tous les malheureux.*

Vous pleurez, malheureux ! je conçois vos alarmes !...
De vos yeux, par torrens, se répandent des larmes
Pour celle de qui tous vous étiez assistés,
Celle qui pour le pauvre avait tant de bontés !
Déjà vient de finir son auguste existence,
Et pour vous, à présent il n'est plus d'espérance...
Mais faites qu'en vos cœurs elle existe toujours ;
Elle prenait plaisir à vous prêter secours !!
Que de fois, en voyant une indigente mère,
A-t-elle pris pitié de sa grande misère !
Si quelque malheureux était sur son chemin,
Il n'avait pas besoin de lui tendre la main ;
Vîte elle s'empressait de faire son offrande,
Toujours avec plaisir, et sans qu'on lui demande.

Je n'entreprendrai point l'énumération
Des louables bienfaits répandus en son nom ;
Ce serait pour ma plume une forte entreprise !
Mais je me bornerai dans cette faible esquisse.

Oh ! que n'est-elle encor dans son joli château
Dont j'admirais le parc et si frais et si beau !
Parfois, me promenant dans ses longues allées,
Arrivant au parterre où les fleurs étalées
M'offraient mille agrémens, mille charmes divers,
J'admirais le travail du roi de l'univers.
J'en garderai toujours la douce souvenance,
Car elle a dans mon cœur fixé sa résidence !

ACROSTICHE

Sur la mort d'un de mes amis, facteur d'instrumens de musique, grand amateur
et maître de cet art, organiste d'une des églises de Rouen.

Gloire à ton nom ! j'en suis admirateur,
Oh ! noble ami de ma plus tendre enfance !
Un jour, la mort frappa ton jeune cœur ;
Le mien, troublé, n'a que de la douleur...
Étoile d'or ? adieu ton excellence !

STANCES

Sur la mort d'une Bienfaitrice [1].

Oh! toi qui secourus, dans le cours de ta vie,
Tant de pauvres mortels de misère accablés! .
Toi dont chaque bienfait rendait l'ame ravie,
Entends-tu les accens de leurs cris redoublés?

Ah! s'ils pouvaient percer jusqu'au sein de la terre,
Et parvenir à toi, tous ces cris de douleurs,
Ne sortirais-tu pas de ton lit de poussière,
Pour essuyer des yeux qui sont baignés de pleurs?

Ah! oui, tu sortirais, oh! mère bienfaitrice!
Tu reviendrais, hélas! pour calmer les tourmens;
Alors, les malheureux, voyant leur protectrice,
Raviraient tous les cœurs par leurs plus doux accens.

[1] Ces stances manuscrites ont été placées, par madame la Supérieure du couvent du Grand-Quevilly, au bas du portrait de madame la baronne de Bosmelet, décédée à Rouen, le 19 janvier 1835.

Mais, hélas! n'est-ce point une vaine pensée
De songer au retour de ton cœur généreux?
Oui... ton ame immortelle un jour s'est élancée
Vers la céleste voûte, aux demeures des Dieux.

Déjà près du Très-Haut ta gloire est éternelle;
Dans la postérité que ton nom sera beau;
Honneur à tes bienfaits, à ta foi maternelle:
Que ton corps soit en paix dans la nuit du tombeau.

VERS

Sur un jeune homme que l'on trouva suicidé, le 12 juillet 1835, en la commune du Petit-Quevilly, dans une masure située le long de la Seine. Je passais, le matin, par cet endroit; on me fit voir le jeune homme, en me demandant si je le connaissais; je ne le connaissais pas, mais je fus fortement surpris en le voyant: c'était la première fois que je voyais un spectacle aussi triste et effrayant.

Ah! ciel! pour moi quelle surprise!
Quel accident triste et fâcheux
S'est ici commis sans feintise,
Par la main de ce malheureux

Qui, de son arme meurtrière,
Est encor pleine en ce moment,
Et ne donne l'idée amère
De faire un autre jugement
Que de penser que c'est lui-même
Qui, par un fatal désespoir,
Et dans une faiblesse extrême,
Epuisa son dernier pouvoir
Sur sa malheureuse personne
Que je vois morte en ce moment!...
En y songeant, ah! j'en frisonne!
Et je me demande comment
Ce jeune homme, étant plein de vie,
Put se résigner à la mort,
Pour quelques traits de son amie,
Ou tout autre sujet plus fort;
Car, quelle que soit sa détresse,
Il faut toujours la surmonter;
De l'esprit quand vient la faiblesse,
A la hâte on doit l'écarter;
Suivant moi la gloire est plus belle
Que de se livrer au malheur
Qui tourmente notre cervelle
Et vient nous frapper jusqu'au cœur.

On me dit que c'est honorable,
Et qu'on meurt avec fermeté...
Moi, je dis que c'est exécrable :
De l'esprit c'est légèreté :
Je ne crois pas que l'on soit ferme,
Se frappant du coup de la mort,
Et que sur ce l'on se renferme,
Sans que le *bon sens* dise encor :
Comment! se retirer la vie,
Quand on ne peut se la donner ?
Oh! non!... non, c'est une infamie,
Tâchons donc de la surmonter ;
Armons-nous d'un peu de courage,
Et dominons nos passions ;
Se détruire est une rage
De mauvaises réflexions...

Ah! combien sont tristes les destinées
Des malheureux, faibles jusqu'à ce point !
Dans l'avenir de prochaines années,
Pauvres humains! ne vous détruisez point !

Sur cet écrit si l'homme ne s'accorde,
Que ce ne soit un sujet de discorde...

L'HABITANT DE LA CHAUMIÈRE.

I.

Amis, venez dans ma chaumière
Pour trouver le parfait bonheur ;
Là, je passe ma vie entière,
Et j'y trouve la paix du cœur.

II.

Dès le matin, sous le feuillage,
Respirant les parfums bien doux,
Des oiseaux j'entends le ramage,
Et vis heureux, loin des jaloux.

III.

Dans mon jardin plein de verdure,
Je jouis des douces faveurs
Que me prodigue la nature,
Je possède des fruits, des fleurs.

IV.

Oh! que je chéris l'existence
Dans ce délicieux séjour!
Oh! venez voir ma résidence,
Amis, venez me voir un jour.

LES ADIEUX D'UN TROUBADOUR.

I.

CHARMANT rivage,
Je te fais mes adieux;
Adieu bocage
Où mon cœur fut heureux.
Adieu belle prairie,
Et toi, grotte chérie,
Où de mes jours
Je passais l'heureux cours.

II.

Oh! mon Adèle,
Que j'ai toujours aimé!
Le sort m'appèle,
Adieu tendre beauté :
Conserve, en mon absence,
De moi la souvenance,
Car dans ton cœur,
Je laisse mon bonheur.

III.

Ma tendre mère,
Que jamais le chagrin
Ni la chimère
N'agitent votre sein :
Soyez en votre asile,
Le cœur toujours paisible,
Vers les combats
Je dirige mes pas.

FIN.